AF391371

CATALOGUE

DE

TABLEAUX

IMPORTANTS

COMPOSANT LA COLLECTION D'UN AMATEUR ÉTRANGER

DONT LA VENTE AURA LIEU

HOTEL DROUOT, SALLE N° 5

Le Jeudi 24 Mars 1864

A TROIS HEURES PRÉCISES

Par le ministère de M° **CHARLES PILLET**, Commissaire Priseur,
rue de Choiseul, 11,

Assisté de M. FRANCIS **PETIT**, Expert, rue de Provence, 43,

Chez lesquels se distribue le présent Catalogue.

EXPOSITION PUBLIQUE

Le Mercredi 23 Mars 1864, de une heure à cinq heures.

CONDITIONS DE LA VENTE

Elle sera faite au comptant.

Les acquéreurs payeront, en sus des adjudications, *cinq pour cent* applicables aux frais.

Le présent Catalogue se trouve :

Chez MM.

A Paris,	CHARLES PILLET, commissaire-priseur.
»	FRANCIS PETIT, expert.
Bruxelles,	ÉTIENNE LEROY
Liége,	HOLLENDER.
La Haye,	VAN GOGH.
Amsterdam,	DEVRIES.
Londres,	GAMBART.
Berlin,	LEPKE.
Saint-Pétersbourg,	NÉGRI.
Vienne,	G. PLACH.

Paris, — Imprimerie de PILLET fils aîné, rue des Grands-Augustins, 5.

TABLEAUX MODERNES

ACHENBACH (ANDRÉ)

1 — Scheveningue. — Marée basse.

Un grand nombre de pêcheurs sont groupés sur la plage.

Daté 1851. — Haut. 65 cent.; larg. 90 cent.

ACHENBACH (OSWALD)

2 — Paysage de la Campagne de Rome. — Effet de soleil couchant.

Des paysans sont arrêtés à l'ombre de grands arbres, d'autres conduisent un troupeau de chèvres.

Daté 1853. — Haut. 90 cent.; larg. 1 m. 35 cent.

BOUGUEREAU

3 — Femme italienne tenant un enfant dans ses bras.

Daté 1861. — Haut. 107 cent.; larg. 78 cent.

CALAME

4 — Un Lac en Suisse.

Haut. 46 cent.; larg. 62 cent.

DIAZ

5 — Jeune Fille avec un chien.

Haut. 26 cent.; larg. 21 cent.

DILLENS (ADOLPHE)

6 — La Demande en mariage.

Daté 1853. Haut. 62 cent.; larg. 83 cent.

FICHEL

7 — Jeune Femme à sa toilette.

Haut. 42 cent.; larg. 33 cent.

GALLAIT

8 — Le Tasse en prison.

Un jeune moine lui apporte son repas.

Daté 1853. — Haut. 96 cent.; larg. 68 cent.

GUDIN

9 — Le Tréport, vu de la mer.

Daté 1838. — Haut. 118 cent.; larg. 180 cent.

HILDEBRANDT (E.)

10 — Paysage. — Soleil couchant.

Haut. 40 cent.; larg. 51 cent.

KOEKKOEK (B.-C.)

11 — Paysage.

Moulin sur un cours d'eau traversant une forêt.

Daté 1853. — Haut. 43 cent. ; larg. 58 cent.

LEYS

12 — Intérieur de synagogue.

Daté 1853. — Haut. 76 cent.; larg. 63 cent.

MADOU

13 — Le Contrat de mariage.

14 — Le Contrat de vente.

Compositions importantes renfermant huit à dix figures.

Datés 1855. — Haut. 43 cent.; larg. 57 cent.

MAOS

15 — Famille de pêcheur napolitain

Haut. 76 cent.; larg. 1 m.

MEISSONIER

16 — Un Mousquetaire.

Il est debout dans un corps de garde ; derrière lui sont placés un étendard, un tambour et diverses armes.

Daté 1862. — Haut. 17 cent.; larg. 10 cent.

MERLE

17 — Chienne de chasse allaitant ses petits.

Haut. 81 cent.; larg. 1 m.

MULLER (CH.-L.)

18 — La Ronde du mai.

Tableau capital exposé au salon de 1847.

Haut. 162 cent.; larg. 222 cent.

MULLER (CH.-L.)

19 — Jeune Fille traversant un gué.

Haut.   cent.; larg.   cent.

RIÉDEL (à Rome)

20 — Les Baigneuses.

Tableau capital exposé au salon de 1861.

Haut. 2 m.; larg. 2 m. 85 cent.

STEVENS (JOSEPH)

21 — Trois chiens tirent une brouette remplie de sable.

Daté 1851. — Haut. 51 cent.; larg. 85 cent.

VAN HOVE (H.)

22 — Intérieur flamand.

Un cavalier apporte un coffret de bijoux à une jeune dame.

Daté 1857. — Haut. 92 cent.; larg. 1 m. 20 cent.

VERBOECKHOVEN (EUGÈNE)

23 — Empsaël. — Cheval arabe.

Intérieur d'écurie avec deux chiens.

Daté 1848. — Haut. 2 m. 43 cent.; larg. 3 m. 16 cent.

VERBOECKHOVEN (EUGÈNE)

24 — Vache et Moutons traversant un ruisseau.

Daté 1853. — Haut. 31 cent.; larg. 29 cent.

VERBOECKHOVEN (EUGÈNE)

25 — Chevreuil, Biche et Faons dans une plaine.

Daté 1850. — Haut. 26 cen¹.; larg. 33 cent.

WAPPERS (baron GUSTAF)

26 — L'Italie moderne. — Figure allégorique.

Daté 1861. — Haut. 2 m.; larg. 1 m. 38 cent.

ANONYME

27 — Italienne, costume d'Ischia.

Haut. 65 cent.; larg. 43 cent.

BROCHARD

28 — Groupe de trois jeunes filles.

Pastel. Haut. 1 m.; larg. 76 cent.

DECAMPS

29 — Deux cadres contenant six études de figures.

Provenant de la vente Decamps. — 1853.

(Sanguine.)

FLORIDI

30 — Scène du déluge.

Aquarelle. Haut. 54 cent.; larg. 87 cent.

TABLEAUX ANCIENS

RAPHAEL

31 — Le Baptême de Jésus-Christ.

Composition renfermant dix figures. On suppose que trois des figures qui entourent le groupe principal représentent Raphaël, Léonard de Vinci et Laurent de Médicis.

Tableau peint sur bois. — Haut. 33 cent.; larg. 60 cent.

FRA ANGELICO

32 — Une Chapelle en bois doré, peinte à l'extérieur et à l'intérieur; au fond une Madone; sur les volets des anges.

Haut. 45 cent.; larg. 25 cent.

BALTAZAR PERUZZI

33 — Jésus conduit au supplice.

Chargé de sa croix, il marche environné de soldats dont plusieurs l'insultent; la Vierge et les saintes Femmes le suivent en pleurant.

Haut. 53 cent.; larg. 38 cent.

PARIS BORDONE

34 — La Vierge, l'Enfant Jésus, saint Jean et sainte Madeleine.

Haut. 134 cent.; larg. 180 cent.

BOUCHER (FRANÇOIS)

35 — L'Adoration des Bergers.

Ce tableau, peint sur toile, a été gravé avec la dédicace de madame Dubarry.

Daté 1730. — Haut. 182 cent ; larg. 136 cent.

36 — Beau guéridon en mosaïque de Florence, à figures. Sujet champêtre

Il est composé de belles matières précieuses, telles que lapis, jaspes de diverses nuances, etc., sur fond de marbre noir. Table support à trépied en bois sculpté.

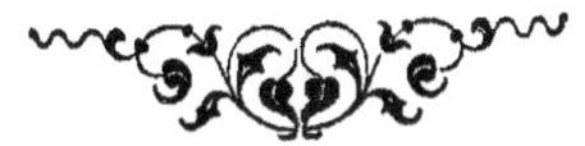